Anleitung für dieses Buch

Das Buch besteht aus mehreren Teilen, die jeweils einem besonderen Farbmittel – Acrylfarben, Tinten oder Ölpastellen – gewidmet sind. Wenn du weißt, womit du malen willst, schlage den entsprechenden Teil auf. Am Anfang steht immer eine Beschreibung verschiedener Arbeitstechniken, dann folgt eine Schritt-für-Schritt-Anleitung, die du meistens abwandeln kannst – für eigene Ideen. Zum Schluss findest du noch mehr Anregungen, wie du mit den vorgestellten Techniken arbeiten kannst.

Für welches Material du dich auch entscheidest, auf jeden Fall bekommst du viele nützliche Informationen über Pinsel, Farben, das Farbenmischen, über Perspektive und Glanzlichter.

Viele unserer Buchseiten haben gemalte Hintergründe, die mit Hilfe verschiedener Techniken entstanden sind. Näheres dazu findest du auf den Seiten 18–19.

Papier

Welches Papier sich für eine bestimmte Arbeit am besten eignet, ist unter den Haupttiteln der betreffenden Seite nachzulesen. Nimm möglichst die vorgeschlagene Sorte – sonst fällt das Ergebnis anders aus als hier im Buch. Lies auf Seite 4 mehr über Papiere.

Künstlermaterialien

Für die Vorschläge in diesem Buch brauchst du Material, das man in jedem Laden für Künstlerbedarf bekommt. Diese Doppelseite stellt diese Materialien vor, weitere Informationen stehen am Anfang der einzelnen Buchteile. Auf Seite 6 erfährst du alles über Pinsel.

Papier

Unter dem Haupttitel auf manchen Seiten steht ein Hinweis auf die Papiersorte, die du nehmen solltest. Für manche Arbeiten wird Zeichen- oder Aquarellpapier empfohlen. Beide gibt es als Block oder Einzelbogen zu kaufen.

Zeichenpapier eignet sich gut für Tinten und Pastellfarben.

Schreibmaschinen- oder Computerpapier

Für Wasser- oder Aquarellfarben gibt es Aquarellpapier.

Pastell- oder Ingrespapier ist ein besonderes Papier für Pastellfarben.

Seidenpapier

Probiere auch andere Papiersorten aus, z. B. braunes Packpapier.

Sauberkeit

Als Erstes decke deine Arbeitsfläche mit viel Zeitungspapier ab. Schütze deine Kleidung mit einem alten Hemd oder einer Schürze.

Farben

Für dieses Buch wurden Acryl-, Aquarell-, Tuben- und Plakafarben verwendet. Die bekommt man als trockene Blöcke, in Tuben oder Flaschen. Auf Seite 12 schlagen wir dir vor, welche Farben du kaufen kannst.

Die Einleitung jedes Teils gibt dir Anleitungen zum Mischen der Farben.

Acrylfarbe gibt es in Tuben oder Flaschen. Kaufe zuerst nur kleine Tuben.

Aquarellfarben in Näpfen sind billiger als die aus der Tube.

Tuben- und Plakafarben sind fast wie Aquarellfarben, dafür aber billiger.

Gold- und Silberfarbe gibt es als Acryl- und Plakafarbe.

Beachte, dass sich deine Farben auf farbigem Untergrund verändern.

Tinten

Farbige Tinte gibt es in Fläschchen. Zum Malen oder Zeichnen nimmst du einen Pinsel oder eine Feder.

Tinten gibt es in vielen knallbunten Farben.

Tintenpatronen gibt es in vielen Farben.

Pastellfarben

Es gibt Ideen in diesem Buch für Pastellkreiden und Ölpastellfarben. Meistens werden sie als Set in einer Schachtel verkauft, es gibt sie aber auch einzeln.

Pastellkreiden

Ölpastelle sind viel kräftiger im Ton als Pastellkreiden.

Wachskreiden

Wachskreiden gibt es meistens als Set. Sie sind nicht teuer und man kann spannende Sachen damit anstellen.

Füller

Für manche unserer Vorschläge brauchst du einen Füller. Du kannst einen normalen Füller, einen Patronenfüller oder einen Federhalter dafür nehmen.

Filzstift

Den Federhalter tauchst du in die Tintenflasche.

Patronenfüller

Du brauchst auch:

Küchenpapier, alte Zeitungen, Küchenschwamm, Lappen zum Pinselabwischen, Jogurtbecher und ein großes Marmeladenglas oder Plastikgefäß für Wasser.

Paletten

Zum Anmischen der Farben brauchst du keine richtige Palette. Nimm einen alten Teller oder den Deckel von einem Plastikbecher.

Nimm einen weißen Teller oder Deckel. Das gibt dir eine gute Vorstellung von der Farbe, die du mischst.

KÜNSTLERMATERIALIEN

Pinsel

Du brauchst keine echten Künstlerpinsel für die Arbeiten in diesem Buch, aber du kannst leicht damit malen und bekommst sehr gute Ergebnisse.

Pinselsorten

Pinsel gibt es in jeder Größe und Form. Manche haben weiche Borsten. Die sind gut für Tinten- und Aquarellmalerei. Harte Borsten empfehlen sich für Acrylfarben.

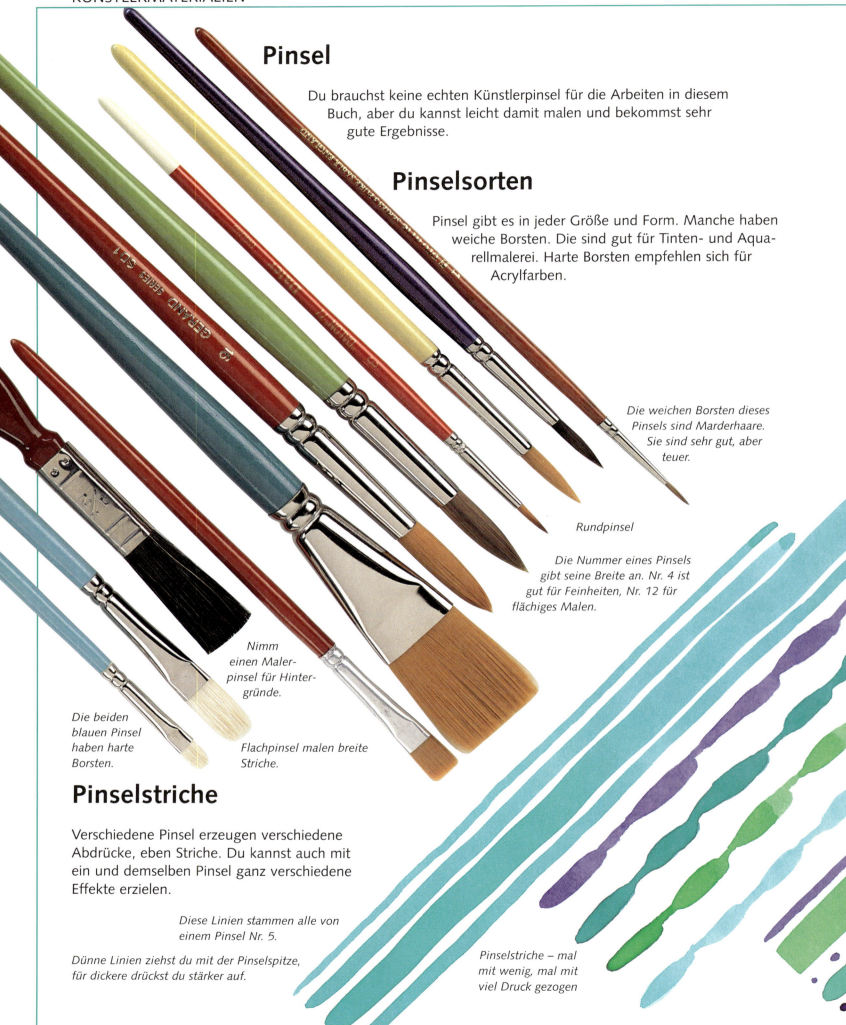

Die weichen Borsten dieses Pinsels sind Marderhaare. Sie sind sehr gut, aber teuer.

Rundpinsel

Die Nummer eines Pinsels gibt seine Breite an. Nr. 4 ist gut für Feinheiten, Nr. 12 für flächiges Malen.

Nimm einen Malerpinsel für Hintergründe.

Die beiden blauen Pinsel haben harte Borsten.

Flachpinsel malen breite Striche.

Pinselstriche

Verschiedene Pinsel erzeugen verschiedene Abdrücke, eben Striche. Du kannst auch mit ein und demselben Pinsel ganz verschiedene Effekte erzielen.

Diese Linien stammen alle von einem Pinsel Nr. 5.

Dünne Linien ziehst du mit der Pinselspitze, für dickere drückst du stärker auf.

Pinselstriche – mal mit wenig, mal mit viel Druck gezogen

Harmonische Farben

Harmonische Farben sind jene, die auf dem äußersten Ring des Farbkreises nahe beieinander liegen – wie Blau und Hellblau, Grün und Hellgrün.

Dies sind Beispiele für verschiedene Gruppen harmonischer Farben.

Komplementärfarben

Die Farben, die sich auf dem Farbkreis gegenüberliegen, heißen Komplementärfarben. Den größten Kontrast erreicht man, wenn man sie nebeneinander stellt.

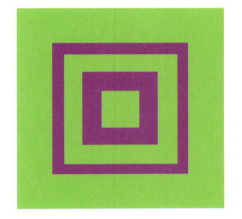
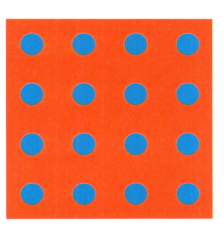

Wenn du Komplementärfarben nebeneinander malst, „summen" sie und wirken grell.

Warme und kalte Farben

Manche Farben strahlen Wärme oder Kälte aus. Man nennt sie warme oder kalte Farben. Warme sehen heller aus und treten mehr aus dem Bild heraus als kalte.

Die kalten Farben in diesem Bild vermitteln ein Gefühl von Kälte und Eis.

kalte Farben   warme Farben

FARBEN

Farbe und Farbton

Mit dem Farbton meint man die Helligkeit oder Dunkelheit einer Farbe. Du kannst ungewöhnliche Bilder malen, wenn du Ton in Ton malst oder in einem Bild die Farbtöne veränderst.

Gelb ist der hellste Ton.

Orange ist auch ein heller Ton.

Grün ist ein Mittelton.

Rot ist ein mittlerer Ton.

Blau ist ein dunkler Ton.

Violett ist ein dunkler Ton.

Der Kreis zeigt verschiedene Farben mit mehreren Tönen.

Experimente mit Farbtönen

Experimentiere mit möglichst vielen verschiedenen Tönen einer Farbe. Fange immer mit dem hellsten Ton an und lasse sie allmählich dunkler werden. Das geht am besten mit Acryl-, Plaka- oder Tubenfarben.

Alle diese Töne entstanden durch Beimischung einer Farbe zu Weiß.

Fange mit Weiß an. Füge eine Spur einer Farbe hinzu.

Mische immer mehr von der Farbe bei, bis du einen dunklen Farbton hast.

Helle und dunkle Töne

Die Farbtöne eines Bildes können die Atmosphäre verändern. Helle Töne ergeben einen weichen Pasteleffekt, während das Bild durch dunkle Töne kräftiger wird.

Vergleiche das nur mit hellen Farbtönen gemalte Bild (oben) mit dem unteren, das in dunkleren Farben gemalt wurde.

Pinselpflege

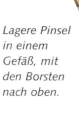

Pinsel nicht im Wasser stehen lassen, das schadet den Borsten.

Wasche Pinsel in warmem Seifenwasser aus. Heißes Wasser lockert die Borsten.

Streiche die noch nassen Borsten zwischen Daumen und Zeigefinger wieder in Form.

Lagere Pinsel in einem Gefäß, mit den Borsten nach oben.

Bewahre die Pinsel so auf, dass die Borsten nicht beschädigt werden.

Bilde Muster aus verschiedenen Pinselstrichen.

Für das Blättermuster legst du die Borsten flach auf das Papier.

Das Schachbrettmuster malst du mit dem oberen Teil eines Flachpinsels.

Für die Pünktchen nimm einen feinen Rundpinsel.

Federhalter

Pinsel für chinesische Schriftzeichen

Federkiele

Wattestäbchen

Schwamm

Andere „Pinsel"

Neben Pinseln lassen sich viele andere Dinge als Malwerkzeuge nutzen. Probiere es doch mal mit den rechts abgebildeten Sachen.

Farben

Farbenlehre

Welche Farben passen gut zusammen? Warum scheinen manche aus einem Bild herauszuspringen und andere mit den Farben der Umgebung zu verschmelzen? Diese Seiten zeigen dir, wie verschiedene Farbzusammenstellungen ein Bild verändern.

Primärfarben

Es gibt drei Farben, die man nicht durch das Mischen anderer Farben bekommen kann. Das sind Rot, Gelb und Blau. Man nennt sie Primärfarben.

Sekundärfarben

Wenn du je zwei der Primärfarben miteinander mischst, erhältst du Orange, Grün und Violett. Das sind die Sekundärfarben.

Rot + Gelb *Gelb + Blau* *Blau + Rot*

Weitere Farben

Du kannst mehr Farben bekommen, wenn du eine Primär- mit einer Sekundärfarbe mischst. Diese Mischungen liegen auf dem äußersten Ring des Farbkreises.

Wenn du Gelb mit Orange mischst, erhältst du einen Farbton, der dazwischen liegt.

Blau mit Grün gemischt ergibt Blaugrün.

Rot und Orange vermischen sich zu Orangerot.

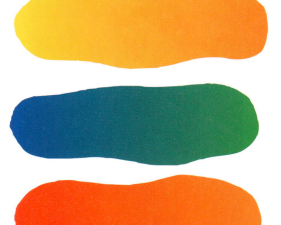

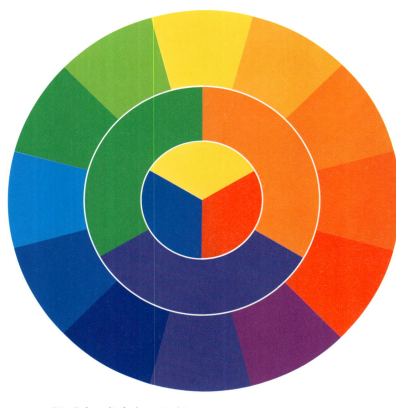

Die Sekundärfarben sind im Mittelring des Farbkreises.

Die Primärfarben sind in der Mitte des Farbkreises.

Ähnliche Farbtöne

Obwohl Farben ganz verschieden aussehen, können sie dieselben Farbtöne haben. Am leichtesten sieht man die Ähnlichkeiten zwischen Farben auf einem Schwarzweißbild.

Vergleiche die Farbtöne im Farb- und Schwarzweißfoto. Das rote Papier und die blauen Quadrate haben zum Beispiel einen ähnlichen Ton.

Die Blumen haben den hellsten, die violetten Quadrate auf dem Papier den dunkelsten Ton.

Auf diesem Schwarzweißfoto sind die Farben mit ähnlichem Ton leichter zu erkennen.

Umkehrung von Farbtönen

Du kannst überraschende Effekte bekommen, wenn du die Reihenfolge der Farben umdrehst, sodass Gelb der dunkelste und Blau der hellste Ton wird.

Die Töne im zweiten Bild unten wurden umgedreht. Jeder Teil des Bildes, das dunkel war, wurde heller.

Hellblau wurde zu Dunkelblau.

FARBEN

Farben mischen

Du brauchst nur wenige Farben, um eine breite Palette weiterer Farben zu mischen. Hier ein paar Tipps, welche Grundfarben du dir kaufen solltest.

Zitronengelb – gut zum Mischen mit Blau für Grüntöne

Ockergelb – gut zum Mischen mit Rot für Erdfarben wie Braun und Terrakotta

Ultramarinblau – gut zum Mischen mit Rot für Violetttöne

Zinnoberrot – gut zum Mischen mit Gelb für Orange oder mit Blau für Braun

Preußisch- oder Kobaltblau – gut zum Mischen mit Gelb für Grüntöne

Karmesinrot – gut zum Mischen mit Blau für Violetttöne

Umbra – mische sie mit Blau für Schwarz.

Weiß – mische es mit bunten Farben für Pastelltöne.

Schwarz und Grau

Diese Farben wurden mit Schwarz abgedunkelt.

Dieser Blau-braun-Mischung wurde Karmesinrot beigemengt.

Auch für Grau brauchst du kein Schwarz.

Wenn du eine Farbe mit Schwarz mischst, damit sie dunkler wird, kann sie sehr stumpf wirken. Nimm eine andere Farbe zum „Verdunkeln".

Statt Schwarz mische Ultramarin mit Umbra (Braun). Farben werden dunkler, wenn du diese schwärzliche Farbe beimengst.

Für Hellgrau werden Blau und Weiß gemischt. Anschließend gibt man eine Spur Gelb und Zinnoberrot dazu.

Himmelsfarben mischen

Blau und Weiß

Zinnoberrot und Zitronengelb

mit einer Spur Orange

noch etwas Blau dazu

etwas Weiß dazu

viel Blau, Rot und Gelb dazu

und mehr Weiß dazu

1. Mische Weiß und Kobaltblau auf der Palette. Reinige den Pinsel. Mische etwas Zinnoberrot und Zitronengelb zu Orange.

2. Gib eine Spur Orange in deine Blaumischung. Sieh, welche Farbe herauskommt. Dann gib etwas Weiß dazu.

3. Gib verschiedene Farben in die Malfarbe. Manche eignen sich für einen klaren sonnigen Himmel, andere für stürmisches Wetter.

Hautfarben mischen

Trage die Farbe neben dem Quadrat auf.

Gleiche die Farbe möglichst stark an.

1. Suche in Illustrierten Fotos von Gesichtern. Schneide daraus je ein Quadrat und klebe diese auf Papier.

2. Mische etwas Rot mit Weiß, gib dann etwas Gelb und Blau dazu, bis du einen ähnlichen Hautton hast.

3. Schneide eine Gesichtshälfte aus einem Heft. Klebe sie auf Papier. Male die andere Hälfte, gleiche die Farben an.

Grüntöne mischen

Du hast vielleicht bemerkt, dass auf unserer Vorschlagsliste Grün fehlt. Du brauchst es nicht zu kaufen, denn du kannst es leicht aus anderen Farben mischen.

1. Mische Zitronengelb und Kobaltblau zu Hellgrün.

2. Gib unterschiedlich viel Rot dazu. Wie viele Grüntöne erhältst du?

Allgemeine Techniken

Glanzlichter setzen

Glanzlichter (oder: Lichter) erwecken Bilder zum Leben. Sie können Dinge auch glänzend erscheinen lassen, als ob sie aus Glas oder Metall wären. Hier siehst du zwei Verfahren zum Setzen von Glanzlichtern. Wenn du mit Aquarellfarben malst, entstehen Lichter durch Aussparungen, d. h. durch unbemalte Stellen.

Die Aussparung lässt das Vogelauge glänzen.

Aussparungen

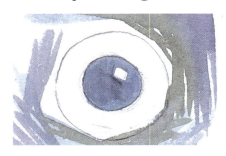  

1. Male zwei Kreise ineinander. Fülle den inneren bis auf ein kleines Karo aus. Male um den größeren Kreis herum mit Farbe.

2. Für die Augenkontur nimm dunklere Farbe. Male das Augeninnere aus, lasse eine 2. Stelle neben dem leeren Karo frei.

3. Male einen orange Ring hinein. Male blaugraue Linien unter das Auge, damit die Höhle plastisch erscheint.

Weiße Farbe dazu

1. Zeichne den Körper eines Roboters. Ziehe die Linien mit dicken schwarzen Strichen nach.

2. Füge etwas Weiß zu der schwarzen Farbe hinzu. Zeichne damit innerhalb der Linien.

3. Füge noch mehr Weiß hinzu und fülle die hier gezeigten Teile Schritt für Schritt.

4. Spüle deinen Pinsel gut aus und füge innerhalb jeder Fläche weiße Linien hinzu.

Durch Hinzufügen von Weiß bekommt jede Farbe Glanzlichter.

Der Untergrund wurde mit sehr wässeriger Acrylfarbe gemalt. Die Roboter wurden nach dem Trocknen aufgemalt.

ALLGEMEINE TECHNIKEN

Perspektive malen

In Perspektive malt man so, wie das Auge sieht. Die weiter entfernt liegenden Farben scheinen zu verblassen. Für die folgenden Bilder nimm jede beliebige Farbe und dickes Papier.

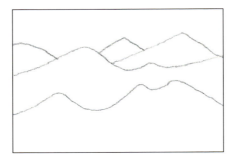

1. Zeichne mit Bleistift die Bergkonturen. Beginne mit der vordersten Kette.

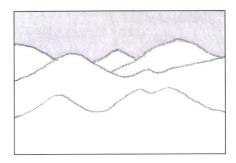

2. Mische etwas Blau und eine Spur Rot mit etwas Wasser. Male den Himmel.

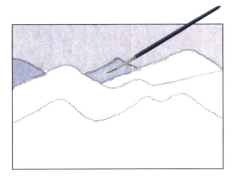

3. Bringe etwas mehr Blau in die Farbe. Male die hintersten Berge aus.

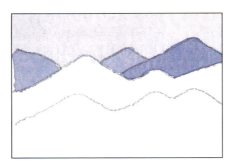

4. Nimm mehr Blau und Rot, damit die Farbe dunkler wird. Male den nächsten Berg aus.

5. Nimm immer mehr Blau und Rot, bis alle Berge ausgemalt sind.

Dies Bild ist mit Aquarellfarben auf Aquarellpapier gemalt.

Auf diesem Bild entstanden zuerst die Häuser, das Meer, der Vorhang und die Berge. Als alles trocken war, kamen das Fensterkreuz und die Katze dazu.

ALLGEMEINE TECHNIKEN

Strukturpapier herstellen

Viele Seiten in diesem Buch haben einen farbigen Hintergrund. Hier erfährst du, wie einige davon entstanden sind und bekommst weitere Anregungen.

Hier wurde Tinte auf nasses Aquarellpapier getropft.

Dieses Muster wurde mit gelber Wachskreide auf einer Käsereibe mit großen Löchern gerubbelt und mit Tinte übermalt.

Dieses Muster entstand auf einer Käsereibe mit kleinen Löchern. Auf S. 82–83 findest du noch mehr Rubbelmuster.

Für diesen Effekt streue Salz auf nasse Aquarellfarbe. Lasse sie trocknen, dann reibe das ganze Salz ab. Auf S. 66 siehst du ein Bild in dieser Technik.

Bemale ein Stück Frischhaltefolie mit Farbe. Lege Papier darauf. Reibe sanft über das Papier und hebe es ab (s. S. 36 und 38).

18

Dieser Hintergrund entstand auch mit Hilfe bemalter Frischhaltefolie (s. S. 18 unten rechts).

Diese Teile wurden mit einem Malerpinsel bemalt. Male erst mit einer Farbe und trage nach dem Trocknen eine zweite auf. Auf S. 20–21 findest du auch so einen Hintergrund.

Dieses Papier ist mit Aquarellfarben bemalt. Die noch nassen Farben wurden mit sauberem Wasser bespritzt. Schritt 6 auf S. 43 zeigt das Spritzverfahren.

Trage breitflächig Wachskreide auf Papier auf, dann übermale es vollständig. (Vgl. den Hintergrund auf S. 86.)

19

ALLGEMEINE TECHNIKEN

Karten und Passepartouts

1. Falte dünnen Fotokarton zur Hälfte. Ritze den Knick mehrmals mit dem Fingernagel.

2. Lege dein Bild auf die zugeklappte Karte. Markiere mit Bleistift die Ecken.

3. Lege das Bild auf Zeitungspapier. Leime es hinten von der Mitte zu den Rändern her ein.

4. Richte das Bild ganz vorsichtig auf der Karte an den Markierungen aus.

Das kleine Aquarellbild wurde zuerst auf Tonpapier und dann auf die Karte geklebt.

5. Lege sauberes Papier über das Bild und drücke es überall gleichmäßig an.

6. Beschwere die Karte über Nacht mit Büchern. So wird sie flach.

Das Muster wurde nachträglich mit Filzstift aufgemalt.

Diese Karte ist mit Seidenpapiermotiven beklebt.

Fiona Watt

WERKBUCH
Farbe

Ravensburger Buchverlag

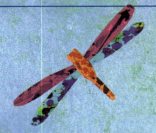

Inhalt

Anleitung für dieses Buch	3
Künstlermaterialien	4
Farben	
Farbenlehre	8
Farbe und Farbton	10
Farben mischen	12
Allgemeine Techniken	
Glanzlichter setzen	14
Perspektive malen	16
Strukturpapier herstellen	18
Karten und Passepartouts	20
Acrylfarben	
Acrylfarben	22
Dicke und dünne Farbe	24
Muster und Tupfen	26
Leimbilder	28
Druckmuster	30
Tuben- und Plakafarben	
Tuben- und Plakafarben	34
Gummibanddrucke	36
Hand- und Pappdrucke	38
Abdecken und spritzen	42
Gezogene Pappdrucke	44
Spritzcollage	46
Tinten	
Tinten	48
Pinsel- und Federzeichnungen	50
Pinselzeichnungen	52

Aquarellfarben	
Aquarellfarben	54
Experimentieren mit Aquarellfarben	56
Malen auf nassem Papier	58
Malen mit Wasser	60
Pustebilder	62
Himmelbilder	64
Salzbilder	66
Pastellfarben	
Pastellkreiden	68
Fantasielandschaft in Pastell	70
Weitere Kreidetechniken	72
Ölpastellfarben	74
Farbe und Muster	76
Ölpastelleffekte	78
Wachskreiden	
Wachskreiden	80
Wachs-Rubbelbilder (Reserviertechnik)	82
Weitere Reserviertechniken	84
Knitterbatik	86
Seidenpapier	
Farbe und Seidenpapier	88
Seidenpapierbilder	90
Weitere Ideen	92
Register	96

Passepartouts

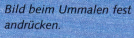

Bild beim Ummalen fest andrücken.

Schneide mit einem Cutter.

1. Schneide zwei dickere Kartonstücke zu, die größer als dein Bild sind.

2. Das zweite Kartonstück ist für die Rückseite.

3. Lege das Bild auf ein Kartonstück. Ummale es mit Bleistift.

4. Male in den Bleistiftrahmen einen zweiten Kasten, der 5 mm kleiner ist. Schneide den inneren Kasten aus.

5. Fixiere das Bild mit Klebeband am Rahmen.

Verziere den Rahmen, bevor du das Bild einklebst.

Dieses Passepartout ist mit gerissenen Seidenpapierstückchen beklebt.

Acrylfarben

Acrylfarben leuchten stark und lassen sich leicht mischen. Man kann sie vielfältig verwenden und unterschiedliche Effekte erzielen.

Acrylfarben verwenden

Drücke kleine Kleckse Acrylfarbe auf einen alten Teller oder eine Palette. Mische sie mit Wasser oder vermale sie pur. Wasche die Pinsel gut aus, denn nach dem Trocknen ist die Farbe wasserfest.

Du kannst die Farbe pur verwenden, ohne sie mit Wasser zu verdünnen.

Oder du kannst die Farbe mit Wasser verdünnen, um sie transparenter zu machen.

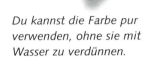

Verschiedene Effekte

Wenn du Farbe direkt aus der Tube nimmst, tupfe mit dem Flachpinsel.

Trage einen dicken Farbfleck auf und kratze mit einem Pappstück hinein.

Schneide Kerben in ein Pappstück. Kratze damit Linien in die Farbe.

Kratze mit dem spitzen Pinselende Spiralen in die dicke Farbpaste.

Für ein Gittermuster drücke die Kante eines dicken Pappstücks in die Farbe.

Für so ein Strukturmuster musst du mit einer Plastikgabel in dicke Farbpaste kratzen.

Mische Farbe mit Wasser, um sie wässerig zu machen. Ziehe Wellenlinien in verschiedenen Farben.

Male Linien mit wässeriger Farbe. Lasse sie trocknen. Male darauf Motive mit dicker Farbe.

Für dieses Bild wurden Muster in dicker Farbe nach den auf Seite 22 beschriebenen Techniken gemalt. Die einzelnen Teile wurden ausgeschnitten und auf dem Bild zu einer Collage kombiniert und aufgeklebt.

ACRYLFARBEN

Dicke und dünne Farbe

DICKES PAPIER, Z. B. ZEICHENPAPIER

Du bekommst verschiedene Effekte, wenn du Acrylfarbe direkt aus der Flasche oder Tube nimmst oder mit Wasser verdünnst. An Acrylfarben bleiben dünne Papiere wie Seidenpapier nach dem Trocknen der Farbe haften.

Der violette Bilduntergrund wurde mit dünner Farbe, die Muster darauf mit dicker Farbe aufgemalt.

Für das Schottenmuster wurden die grünweißen Streifen mit dünner, die violetten mit dicker Farbe gemalt.

Die Quadrate oben wurden mit dünner Farbe gezogen, die Motive mit dicker Farbe aufgemalt.

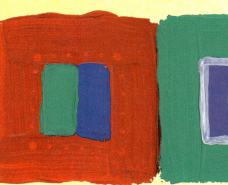

Quadrate, Linien und Tupfen aus dicker Farbe

Die lila Blume rechts ist aus Seidenpapier. Darauf wurde dicke weiße Farbe aufgetragen.

Die aus Seidenpapier ausgeschnittene Erdbeere wurde mit dicker weißer Farbe betupft.

24

Seidenpapierdrucke

Am besten klappt es mit rotem oder orangefarbenem Seidenpapier.

1. Mische etwas dünne Farbe und verteile sie gleichmäßig auf dem Papier.

2. Schneide ein Motiv aus Seidenpapier aus. Drücke es in die nasse Farbe.

3. Nach etwa einer Minute ziehe das Motiv ganz vorsichtig vom Untergrund wieder ab.

Die Streifen und Tupfen unten wurden alle mit dicker Farbe gemalt.

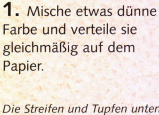

Die Herzen oben und unten sind gedruckt.

Links: Blume und Blatt aus dick bemaltem Seidenpapier

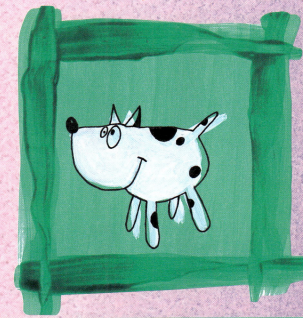

Hund und Fische: Nach dem Trocknen der Farbe wurden die Feinheiten mit Filzstift gemalt.

Mit dicker Farbe bemaltes Seidenpapierherz.

Muster und Tupfen

EIN GROSSER BOGEN ZEICHENPAPIER

Mische die Farben in einem Plastikgefäß.

1. Mische rote und gelbe Acrylfarbe zu Orange, dann mische Blau darunter, um Rostfarbe zu erhalten.

2. Bemale mit einem dicken Pinsel einen großen Bogen Papier auf der ganzen Fläche gleichmäßig mit der Rostfarbe.

3. Nach dem Trocknen der Farbe male eine große schwarze Schlange, die sich über die ganze Fläche ringelt.

4. Male mit einem etwas feineren Pinsel einen ockergelben Kreis in die Mitte. Lasse ihn trocknen.

5. Schneide drei Schwammtuchstücke für weitere Gefäße zu. Feuchte die Stücke an.

6. Bestreiche die Schwämme mit je etwas Schwarz, Ocker und Weiß.

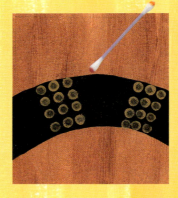

7. Drücke ein Wattestäbchen auf den Ockerschwamm. Drucke Tupfenlinien auf die Schlange.

8. Fülle mit einem 2. Wattestäbchen die Zwischenräume mit Reihen rostfarbener Tupfen.

9. Drucke weiße Tupfen entlang den Schlangenumrisslinien. Verteile die Tupfen gleichmäßig.

10. Male Kreise in den Ockerkreis. Bedrucke die Kreislinien mit weißen Tupfen.

11. Drucke schwarze und weiße Blüten um den Ockerkreis. Fülle sie mit Ockertupfen.

12. Drucke helle Blüten um die Schlange. Fülle dann den Untergrund mit schwarzen Tupfen.

ACRYLFARBEN

Leimbilder

EIN STÜCK PAPPE

Hier wird mit Weißleim gemalt. Nach dem Trocknen hinterlässt er erhabene Linien, die dann mit goldener Acrylfarbe übermalt werden. Damit das Bild „schön alt" aussieht, reibt man etwas schwarze Schuhkrem hinein.

Du brauchst eine Flasche Weißleim mit Tülle.

Probiere es auf Zeitungen.

1. Schneide von einer neuen Flasche die Spitze ab. Probiere aus, wie dick der Leimstrich wird.

2. Ist der Strich sehr dünn, schneide noch mehr von der Tülle ab.

3. Zeichne ein einfaches Bleistiftbild auf Pappe. Setze die Leimtülle an einem Punkt an.

4. Dann ziehe die Linien mit leichtem Druck auf die Flasche mit Leim nach.

5. Am Ende einer Linie hebe den Leim schnell hoch, sodass er nicht tropft.

6. Male um dein Motiv herum ein paar Wellenlinien, Spiralen und Tupfen.

7. Lasse es über Nacht trocknen. Dann übermale alles mit goldener Acrylfarbe. Trocknen lassen.

8. Verteile mit einem weichen Lappen etwas Schuhkrem auf dem Bild.

Schneide verschiedene Pappformen zu, bevor du sie bemalst.

Stelle einen Bilder- oder Fotorahmen her.

ACRYLFARBEN

Druckmuster

BELIEBIGES PAPIER

Nimm eine alte Geburtstags- oder Postkarte.

Verteile die Farbe mit der Löffelwölbung.

Fest drücken.

1. Male ein schlichtes Motiv auf Pappe. Schneide es aus.

2. Drücke etwas Knete als Griff auf die Rückseite.

3. Drücke Farbe auf Zeitungspapier. Verteile sie mit einem Löffel.

4. Drücke das Motiv in die Farbe, dann drucke es auf Papier.

Druckmotive

Probiere verschiedene Muster aus. Drucke Reihen oder setze die Muster zusammen.

Drücke die Pappe vor jedem neuen Druck in Farbe.

Zweifarbendrucke

Schneide verschiedene Formen aus und füge sie zu einem Muster zusammen.

Für einen Zweifarbendruck streiche zwei Farben auf die Zeitung.

Drücke das Motiv in die Farben, wo die beiden aufeinander treffen.

Gerade Linien

Mit verschiedenen Pappstärken erzielt man unterschiedliche Effekte.

dicke Pappe

dünne Pappe

Wellpappe

1. Schneide verschieden dicke Pappe in schmale Streifen.

2. Tauche die Pappkanten in Farbe. Drucke Linien.

Schneide einen Fisch aus und drucke ihn. Feinheiten druckst du mit der Kante eines schmalen Pappstreifens.

Bögen

Tauche die Kante eines Pappstücks in Farbe. Biege sie beim Drucken.

Um eine Spirale zu bekommen drucke im Kreis Bögen um einen Mittelpunkt herum.

Für ein Schlaufenmuster biege dünne Pappe und sichere sie mit Klebeband.

MEHR ANREGUNGEN AUF DEN NÄCHSTEN SEITEN

ACRYLFARBEN

Noch mehr Muster

Dieses Ende drehen.

Füge viele Keile zu einer Blüte zusammen.

1. Für die Keilform drücke eine Pappkante in Farbe.

2. Presse das untere Pappkantenende fest aufs Papier, während du den oberen Teil beim Drucken drehst.

Probiere viele verschiedene Muster und Formen aus.

Für den Stängel drucke eine Pappkante, für die Dolde drucke kleine Keile.

32

Tuben- und Plakafarben

Tuben- und Plakafarben eignen sich gut für schlichte, farbenfrohe Bilder. Plakafarben sind viel leuchtkräftiger als Farben aus der Tube. Beide Farbmittel sind mit Wasser verdünnbar.

Drücke als Erstes Farbe aus der Tube auf eine Palette. Mische sehr behutsam, denn nach dem Trocknen können die Farben sehr stumpf wirken.

Plakafarben kann man direkt aus dem Glas benutzen oder miteinander auf der Palette mischen. Das Bild auf S. 35 enthält mehrere solcher Mischfarben.

Am besten verwendet man dickes Zeichenpapier für diese Farben. Dünneres Papier wellt sich.

Plakafarben sind teurer als Tubenfarben.

Die Konturen auf dem Bild unten wurden nach dem Trocknen der Farbe mit Filzstift gemalt.

TUBEN- UND PLAKAFARBEN

Gummibanddrucke

DICKE PAPPE

1. Benutze einen Kugelschreiber um ein einfaches Bild auf Pappe zu malen.

2. Bemale die Pappe mit einer dicken Schicht Weißleim. Wasche den Pinsel aus.

3. Schneide Gummibandstücke zu. Lege sie auf die Hauptlinien. Drücke sie fest an.

4. Für die kleineren Linien schneide Stücke aus dünnerem Gummiband. Drücke sie fest.

  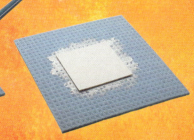 

5. Schneide Quadrate aus dickem Gummiband. Drücke sie rund um dein Bild auf den Untergrund.

6. Wenn der Leim trocken ist, verteile Tubenfarbe auf einem Schwammtuch.

7. Lege die Pappe mit dem Bild nach unten in die Farbe. Drücke fest auf die Rückseite.

8. Lege die Pappe auf eine Zeitungsunterlage und drücke fest auf die Rückseite. Hebe sie ab.

9. Fertige zuerst mehrere Probedrucke an, bevor du „richtig" auf Papier druckst.

Experimentiere mit verschiedenen bunten Papieren.

36

Drucke auf Seidenpapier

Diese Drucke wirken besonders schön auf hellem Seidenpapier. Arbeite nach der Anleitung.

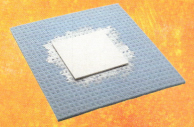  

1. Wenn du auf Seidenpapier drucken willst, drücke die Pappe in Farbe.

2. Lege die bemalte Pappe mit dem Bild nach oben auf eine dicke Lage Zeitungspapier.

Bunte Drucke auf Seidenpapier

3. Lege eine doppelte Lage Seidenpapier darauf und drücke es sanft an. Ziehe es behutsam ab.

Für einen Vielfarbendruck bemale die Gummibänder mit verschiedenen Farben.

Nimm dickes und dünnes Gummiband für so eine Blume.

Goldene Acrylfarbe auf tiefviolettem Papier

37

TUBEN- UND PLAKAFARBEN

Hand- und Pappdrucke

JEDES HELLE PAPIER

Sieh dir auf S. 40/41 die Drucke dieser Doppelseite in voller Größe an.

Du solltest einen Wasserhahn in der Nähe haben und viel Küchenpapier, um die Hände abzuwischen.

1. Für den Untergrund bepinsele Plastikfolie (z. B. eine aufgeschnittene Einkaufstasche) mit Blau.

2. Lege Papier darüber und drücke es leicht an. Hebe das Papier ab und lasse es trocknen.

Dieser Teil taucht in Farbe.

Dieser Teil taucht in Farbe.

3. Für das Seepferdchen gib 2 Farben aus der Tube oder dem Glas auf einen Stoß Zeitungen.

4. Für den Kopf drücke die mittleren Fingerglieder in die Farbe und auf das Papier.

5. Drücke deine Knöchel in die Farbe. Drehe die Hand im rechten Winkel und drucke einen Körper.

6. Stecke den kleinen Finger bis zum Knöchel in Farbe. Drucke damit eine lange Schnauze.

Hier beginnt der Schwanz.

Flossen

Lasse die Drucke immer kleiner werden.

7. Drucke mit demselben Finger drei Flossen und drei weitere Glieder an den Körper.

8. Drucke mit der Fingerspitze zweimal ans Ende der Schnauze und dreimal über den Kopf.

9. Beende den Schwanz wie im Bild bogenförmig mit mehreren Fingerspitzen-Drucken.

10. Nimm helle Farbe und drucke ein Auge. Nach dem Trocknen drucke eine Pupille hinein.

Krebse

1. Drucke den Krebsleib mit dem Daumen. Schneide ein 3 cm langes Stück aus dünner Pappe.

2. Tauche die Pappkante in Farbe und drucke die Beine. Biege sie beim Drucken.

3. Drucke die v-förmigen Zangen über den Vorderbeinen mit einem kleinen Pappstück.

4. Drucke die Stielaugen mit Pappkanten und der Fingerspitze. Drucke später die Pupillen.

Keil-Fisch

1. Tauche die Kante eines dünnen Pappstücks in zwei oder drei Farben.

2. Drücke sie auf das Papier, dann drehe ein Ende, um die Keilform zu bekommen.

3. Beende den Körper mit einem weiteren Keildruck und einem schmaleren Stück als Schwanz.

4. Drucke die Flossen mit Pappe und das Auge nach dem Trocknen der Farbe mit der Fingerspitze.

Guppys

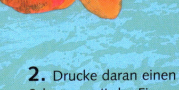

1. Drücke den oberen Daumenteil in mehrere Farben und drucke so den bunten Körper der Fische.

2. Drucke daran einen Schwanz mit der Fingerspitze. Für das Auge tauche das Ende eines alten Bleistifts in Farbe.

TUBEN- UND PLAKAFARBEN

Abdecken und spritzen

BUNTES PAPIER UND EIN ZWEITES GLEICH GROSSES STÜCK

1. Lege das bunte Papier beiseite. Zeichne nun eine Silhouette auf das andere und schneide sie aus.

2. Lege draußen Zeitungspapier aus. Beschwere die Kanten rundum mit Steinchen.

3. Lege das bunte Papier auf die Zeitungen und darauf die Silhouette. Beschwere sie.

4. Gib etwas Tubenfarbe in einen Jogurtbecher. Verdünne sie mit Wasser.

42

5. Tauche eine Zahnbürste in Farbe. Ratsche die Borsten, damit die Farbe spritzt.

6. Spritze weiter um die Silhouette herum, bis die Kleckse dicht an dicht stehen.

7. Hebe die Silhouette ab, sodass nur die bisher abgedeckte Fläche bleibt. Trocknen lassen.

8. Male Feinheiten wie Licht und Schatten und die Spiegelung im Wasser mit Pastellfarben hinein.

TUBEN- UND PLAKAFARBEN

Gezogene Pappdrucke

DICKE PAPPE

1. Gib etwas Farbe auf einen Teller. Tauche eine Pappkante hinein.

2. Setze diese Kante aufs Papier und ziehe sie gleichmäßig zur Seite.

3. Tauche die Kante wieder in die Farbe und ziehe sie auf dich zu.

4. Diamantform: Ziehe die Karte schräg zu einer Seite hin.

Halte die Kante senkrecht.

Nimm neue Pappstücke für jede Farbe.

5. Zickzackmuster: Ziehe die Kante schräg nach unten und wieder hinauf.

6. Wellenmuster: Ziehe die Kante in Wellenbewegung zur Seite.

Zickzackdächer

Drucke einen Baum aus mehreren überlappenden Bögen.

Drucke die Schwäne, wenn der Fluss trocken ist.

Schwäne und Enten

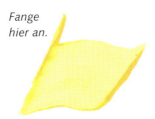

Fange hier an.

Ziegelmauer

1. Tauche eine Pappstückkante in Farbe und drucke eine Linie.

2. Schiebe die Kante unter die Linie und ziehe die Kante wellenförmig.

3. Nimm eine Pappkante für Kopf und Schnabel der Schwäne und Enten.

Drucke Reihen mit schmaler Pappe in dunklerer Farbe.

Für Hügel drucke mit einem breiten Pappstück lange überlappende Wellen.

TUBEN- UND PLAKAFARBEN

Spritzcollage

BUNTES PAPIER, Z.B. ZUCKERROHR- ODER TONPAPIER

   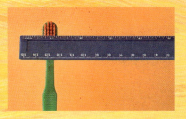

Beschwere die Zeitung mit Steinchen.

1. Am besten spritzt du draußen, denn es kann schmutzig werden. Lege das Papier auf Zeitungen.

2. Gib etwas Tubenfarbe in ein Gefäß. Gib Wasser dazu, damit sie dünnflüssig wird.

3. Tauche eine alte Zahnbürste in die Farbe. Halte sie über das Papier, das du bespritzen willst.

4. Ziehe eine Lineal über die Borsten in deine Richtung, sodass die Farbe auf das Papier spritzt.

5. Spritze immer mehr Farbe darüber, bis du mit dem Ergebnis zufrieden bist.

6. Mische eine andere Farbe und spritze sie genauso darüber wie die erste.

7. Für dicke Spritzer tauche einen breiten Malerpinsel in die dünnflüssige Farbe.

8. Halte ihn über das Papier und schüttelte ihn kräftig aus dem Handgelenk.

9. Ergänze weiter Farbe, bis du das gewünschte Muster hast. Trocknen lassen.

10. Zeichne die Kontur eines Frosches und Blätter auf die Rückseite des großen bespritzten Papiers.

11. Male Schilf und einen Streifen Wasser auf das fein gesprenkelte Papier.

12. Schneide die Motive aus und klebe sie zu einem Bild auf Kontrastpapier.

Tinten

Tinten eignen sich wunderbar zum Malen oder Zeichnen von leuchtkräftigen Bildern. Verarbeite sie mit Pinsel, Zeichenfeder oder Patronenfüller. Sie sind auch ideal für Reserviertechniken mit Wachskreiden (s. S. 80) oder Ölpastellfarben.

Unverdünnte Tinte

Wasserverdünnte Tinte

Verarbeite Tinte direkt aus einer Flasche oder mit Patronenfüller oder mische sie mit Wasser.

Übermale Ölpastell- oder Wachskreidebilder mit Tinte für einen Reservier-Effekt.

Tintenkleckse

Mache ein Stück Aquarellpapier nass und lasse Tinte darauf tropfen. Wenn das Papier trocken ist, male darüber mit Filzstift oder Feder.

Setze die Kleckse möglichst dicht nebeneinander, sodass die Farben ineinander verlaufen.

Streifen

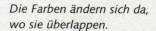

Die Farben ändern sich da, wo sie überlappen.

1. Male verschieden breite, bunte Streifen auf trockenes Papier.

2. Wenn die Tinte trocken ist, male kreuzweise neue Streifen darüber.

Spukbäume

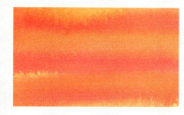

1. Laviere das Papier mit Aquarellfarbe (s. S. 56). Lasse es trocknen.

2. Male eine Linie in Tinte. Blase mit einem Halm, dass Formen entstehen.

Ausspreng- und Kratztechnik

1. Male mit Bleistift ein Muster über das ganze Papier.

2. Male eine zweite Linie, die in gleichem Abstand neben der ersten verläuft.

3. Fülle die Flächen mit Ölpastellfarben. Übermale die Linien nicht.

4. Bepinsele das ganze Papier mit schwarzer Tinte. Trocknen lassen.

Ritze das Muster mit der Spitze eines Schraubendrehers.

5. Kratze ein Muster durch die Tinte und lege dabei die Farbe darunter frei.

6. Kratze verschiedene Muster in alle Formen.

Vorsicht!

Tintenflecke verderben Textilien, darum trage immer Schutzkleidung, wenn du mit Tinte arbeitest. Vergiss auch nicht, den Pinsel oder die Feder auszuwaschen.

TINTEN

Pinsel- und Federzeichnungen

JEDES DICKE WEISSE PAPIER

Am besten eignen sich für solche Bilder Weichhaarpinsel mit feiner Spitze, vor allem Schriftenpinsel.

Tinten mischen

Für die Zeichnungen auf diesen Seiten brauchst du drei Farbtöne von einer Tintenfarbe. Nimm Tinte aus der Flasche oder schneide das Ende einer Tintenpatrone ab.

Nimm einen weichen Pinsel mit feiner Spitze.

Für wässerige Tinte fülle wenig Wasser in ein kleines Gefäß. Gib ein paar Tintentropfen hinein.

Mische einen mittleren Ton, indem du in ein anderes Gefäß mit Wasser noch mehr Tintentropfen gibst.

Pure Tinte. Verwende sie direkt aus der Flasche oder quetsche sie aus einer Patrone in ein Gefäß.

Bambus

Übe auf Schmierpapier, bevor du ein großes Bild malst.

Male mit der Breitseite der Borsten.

Nimm nicht noch mehr Tinte mit dem Pinsel auf.

Male zuerst mit der Pinselspitze und erhöhe dann den Druck.

1. Nimm wässerige Tinte; streiche den Pinsel an Küchenpapier ab. Male einen Rohrabschnitt.

2. Male noch zwei Abschnitte über den ersten. Lasse jeweils eine kleine Lücke dazwischen.

3. Male mit der mittleren Tinte und der Pinselspitze Äste an den Stamm.

Nimm unverdünnte Tinte.

Sanft drücken.

4. Male Zweige an die Äste. Lasse kleine Lücken zwischen den Zweigen und Ästen.

5. Für die Blätter drücke leicht auf die Pinselspitze, dann etwas fester und wieder leichter.

6. Male mit der Pinselspitze und unverdünnter Tinte Gras und Linien auf die Übergänge.

Vogel

Für jede Linie fange mit der Spitze an, dann drücke fester und wieder leichter.

1. Male mit unverdünnter Tinte und der Pinselspitze den Schnabel, dann Hals und Körper.

Male die Linien verschieden lang.

2. Male den Kopf, ein Auge und die Rückenlinie des Vogels und darunter einen Zweig.

3. Für den Schwanz male mehrere Linien zum Körper hin.

51

TINTEN

Pinselzeichnungen

AQUARELL- ODER ZEICHENPAPIER

Alle Bilder auf diesen Seiten wurden in drei Tintenfarbtönen gemalt. Du malst die Hauptformen, dann mit einem sehr feinen Pinsel oder einer Feder die Feinheiten. Vorher mische die Tinte nach der Anleitung auf S. 50.

Insekten

1. Nimm die mittlere Tinte für den Körper. Male die Flügel mit der wässerigen Tinte.

2. Male den Kopf, die Augen, die Fühler und die Beine mit unverdünnter Tinte.

Fisch

1. Male zuerst einen Fischleib mit sehr wässeriger Tinte.

2. Male Kopf, Kiemen und Unterseite in der mittleren Tinte.

3. Zeichne mit Füller oder feinem Pinsel und unverdünnter Tinte eine Kontur.

4. Füge Auge, Mund, Flossen und Schwanz mit unverdünnter Tinte hinzu.

Male ein Seerosenblatt mit Tinte in verschiedenen Schattierungen.

Für so einen Hintergrund laviere das Papier mit Aquarellfarbe (s. S. 56). Lasse es trocknen, bevor du die Tiere aufmalst.

Male Schilf mit der Spitze eines feinen Pinsels.

Frosch

1. Male die Körperform mit sehr wässeriger Tinte.

2. Male mit der Pinselspitze einen dunkleren Streifen mit mittlerer Tinte auf.

3. Bevor der Leib trocken ist, male einige Tupfen mit mittlerer Tinte auf.

4. Male mit unverdünnter Tinte ein Auge, die Kontur und ein Bein.

Aquarellfarben

Aquarellfarben leuchten nicht nur sehr schön, sie eignen sich auch besonders gut zum Malen von Himmel und Wasser.

Farben

Aquarellfarben bekommt man in Tuben oder als kleine kompakte Blöcke oder in Näpfen. Die Näpfe sind leicht zu verwenden und ergiebiger.

Die Tubenfarbe ist ganz dick. Mische sie mit Wasser auf einer Palette an.

Malkästen enthalten ganze oder halbe Näpfe. Du kannst jede Farbe einzeln kaufen.

Halbe Aquarellfarbnäpfe

Aquarellpapier

Aquarellpapier gibt es in verschiedenen Stärken und Strukturen. Man kann es im Künstlerbedarf in Blöcken, Spiralblöcken oder als Einzelbogen kaufen.

Die Papierstärke zeigt sich in ihrem Gewicht. Am besten nimmst du Papier, das 190 g/m² oder mehr wiegt. Es wellt sich nicht zu sehr, wenn du darauf malst.

Das Papier in Aquarellblöcken ist um die Kanten herum geleimt. Schiebe ein stumpfes Messer in die Lücke. Trenne das Papier vorsichtig heraus.

Raues Aquarellpapier hat am meisten Struktur.

Satiniertes Papier hat die glatteste Oberfläche.

Nicht satiniertes Papier hat eine halbraue Struktur.

Aquarellmalblock

Die meisten Aquarellarbeiten entstanden auf halbrauem Papier.

Aquarellfarben mischen

Aquarellfarben aus der Tube mischt man genauso wie Acrylfarben. Näheres findest du auf Seite 22. Die folgenden Bilder zeigen dir, wie du Farbe aus Näpfen mischst.

1. Tauche den Pinsel in Wasser und wische überschüssiges Wasser an Küchenpapier ab.

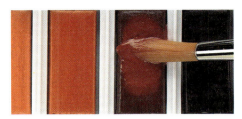

2. Bewege den Pinsel so lange in einer Farbe, bis die Borsten davon bedeckt sind.

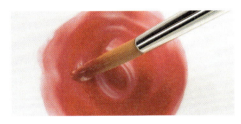

3. Gib die Farbe auf eine Palette, dann wiederhole die Schritte, um einen größeren Farbklecks zu machen.

4. Wasche den Pinsel aus und tupfe ihn an Küchenpapier ab, dann tauche ihn in die Farbe, die du untermischen willst.

5. Mische diese Farbe mit der ersten auf der Palette. Wiederhole den Vorgang, bis du den gewünschten Farbton hast.

Nach dem Trocknen sehen Aquarellfarben heller aus.

Preußischblau

Alle diese Farben entstanden durch das Mischen von Preußischblau und Karmesinrot.

Wenn du große Mengen von einer Farbe mischen willst, gib etwas Wasser in ein Gefäß und mische die Farbe hinein.

Karmesin

55

AQUARELLFARBEN

Experimentieren mit Aquarellfarben

AQUARELLPAPIER

Aquarellfarben sind vielseitig verwendbar. Probiere folgende Techniken auf Aquarellpapierresten aus.

Lavierung

 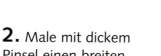 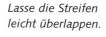 

Lasse die Streifen leicht überlappen.

1. Mische so viel Farbe in einem Gefäß, dass du dein ganzes Papier damit anmalen kannst.

2. Male mit dickem Pinsel einen breiten Streifen oben quer über das Bild.

3. Male einen zweiten Streifen unter den ersten, bevor er trocknen kann.

4. Male immer mehr Streifen darunter, bis das Papier vollständig bedeckt ist.

Farbe abheben

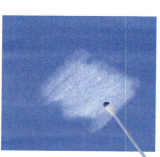   

Bevor die Lavierung trocknet, nimmst du mit einem Wattestäbchen etwas von der Farbe ab.

Einen anderen Effekt bekommst du, wenn du etwas Farbe mit zusammengeknülltem Seidenpapier abtupfst.

Auch mit einem sauberen Pinsel kannst du Farbe abnehmen. Trockne ihn zuerst auf Küchenpapier.

Versuche es auch mit einem Schwamm. Tupfst du damit auf die Farbe, entsteht ein Strukturmuster.

56

Nasspapiereffekte

 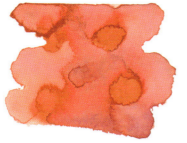  

Feuchte einen Bogen mit einem Schwamm oder Pinsel gut an. Male kleine Kleckse darauf.

Versuche dasselbe mit zwei Farben. Die Farben verlaufen ineinander und ergeben neue.

Laviere das Papier mit einer Farbe. Bevor sie trocknet, male einen andersfarbigen Streifen.

Laviere das Papier. Lasse sauberes Wasser auf die Farbe tropfen und lasse sie verlaufen.

Farben vermengen

1. Feuchte das Papier gut an, indem du es mit einem nassen Schwamm abreibst.

2. Mische danach zwei verschiedene Aquarellfarben auf einer Palette oder einem Teller.

3. Laviere etwa ein Drittel des Papiers in einer Farbe wie auf S. 56 beschrieben.

4. Drehe das Papier auf den Kopf und laviere es mit einer zweiten Farbe.

5. Pinsele über das Papier, um die Übergänge ineinander verfließen zu lassen.

Versuche, drei Farben ineinander verlaufen zu lassen.

Dieser Himmel entstand aus verlaufenen Farben. Die Bäume wurden auf nasses Papier gemalt.

57

AQUARELLFARBEN

Malen auf nassem Papier

AQUARELLPAPIER

Bevor du dieses Bild nachmalst, probiere die Technik auf einem Papierrest aus.

Die Farbe breitet sich aus.

1. Gib drei Aquarellfarben auf eine Palette oder einem Teller.

2. Feuchte das ganze Papier dann mit einem Schwamm gut an.

3. Male kurze, leichte Farbstriche auf das nasse Papier.

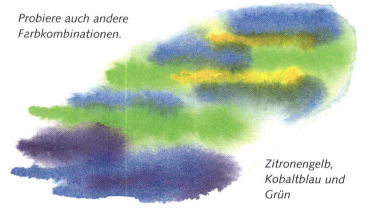

Probiere auch andere Farbkombinationen.

Zitronengelb, Kobaltblau und Grün

Lasse die zweite Farbe in die erste laufen.

4. Feuchte noch einen Bogen an. Nimm zwei verschiedene Farben.

5. Versuche es mit drei Farben. Lasse sie ineinander verlaufen.

Windmühlen am Wasser

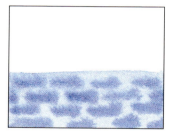
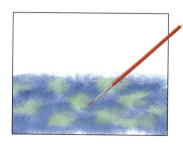

1. Mische zwei verschiedene Töne von blauer und einen von grüner Aquarellfarbe an.

2. Feuchte die untere Papierhälfte mit dem Schwamm oder Pinsel gut an.

3. Bemale die ganze nasse Fläche mit kurzen Pinselstrichen in einem Blauton.

4. Setze dazwischen Striche im zweiten Blau und in Grün. Lasse sie ineinander verlaufen.

5. Befeuchte die obere Papierhälfte und laviere sie für den Himmel blassblau.

6. Wenn die Farbe trocken ist, male einen grünen Streifen und Windmühlenformen.

7. Male mit der Spitze eines feinen Pinsels Linien als Windmühlenflügel.

8. Male im Vordergrund des fast fertigen Bildes grüne Blätter und rote Tulpen.

Das Meer entstand hier zuerst, dann kam der Himmel dazu. Als der Untergrund trocken war, wurden die Details darauf gemalt.

AQUARELLFARBEN

Malen mit Wasser

AQUARELL- ODER DICKES ZEICHENPAPIER

Auch hier zeigt sich, wie Aquarellfarben auf nassem Papier verlaufen.

Bevor du anfängst, mische ganz wenig Blau mit etwas Wasser zu einer sehr wässerigen Farbe.

Die Farbe breitet sich bis zu den Konturen aus.

1. Male den Umriss eines Motivs mit der wässerigen Farbe. Fülle das Motiv mit Wasser.

2. Mische weitere Farben und setze in die noch nasse Form einen Farbklecks.

3. Setze andere Farbkleckse hinein, sodass sie ineinander verlaufen. Flach trocknen lassen.

Male den Baumstamm zuerst, dann die Blätter.

Male die Schmetterlingsflügel mit feinem Pinsel.

Nimm Grün- und Blautöne für die unteren Blätter. Male rote, gelbe und orangefarbene Blätter weiter oben.

AQUARELLFARBEN

Pustebilder

JEDES DICKE PAPIER

Die Farben vermischen sich.

1. Mische zwei Farben mit Wasser. Mache sie dünnflüssig.

2. Gieße etwas von jeder Farbe dicht an dicht auf Papier.

3. Halte einen Trinkhalm über die Farbenmitte und puste sehr kräftig.

4. „Jage" die Farbe so, dass stachelige Gebilde entstehen.

5. Puste sie weiter sternförmig in alle Richtungen auseinander.

6. Lösche die Farbenmitte mit dem Zipfel eines feuchten Lappens.

7. Wische im Kreis, bis eine Gesichtsform entsteht.

8. Lasse sie trocknen. Dann male mit feinem Pinsel Augen ins Gesicht.

9. Male Augenbrauen und Nase, schmale Lippen und spitze Ohren.

Nimm Kontrastfarben wie Blau und Grün, Rot und Orange oder Rot und Violett.

AQUARELLFARBEN

Himmelbilder

AQUARELLPAPIER

Aquarellfarben eignen sich hervorragend für Himmel- und Wolkenbilder. Übe die hier gezeigten Techniken, bevor du ein Bild malst. Mit verschiedenen Blautönen kannst du unterschiedliche Stimmungen ausdrücken.

Wolkenhimmel

1. Das Papier mit Schwamm oder Pinsel gut anfeuchten und kobaltblau lavieren.

2. Für bauschige Wolken tupfe Farbe mit einer Ecke Seidenpapier vorsichtig ab.

Himmelsstimmungen

Für einen „düsteren" Himmel laviere mit zwei Blautönen.

Laviere in Gelb und Orange.

Nach dem Trocknen male die Bäume.

Für Regenwolken tupfe Farbe ab und male eine dunklere Linie an die unteren Wolkenränder.

Laviere in Violett. Tupfe mit Seidenpapier oder einem Pinsel Farbe ab.

Sturmwolken

Hier siehst du, wie man einen dunklen Wolkenhimmel malt.

Du brauchst Preußischblau, Umbra und Ockergelb für dieses Aquarell.

1. Feuchte das ganze Papier mit Pinsel oder Schwamm gut an.

2. Mische Preußischblau mit Umbra zu Dunkelgrau.

3. Lasse graue Farbe stellenweise auf das Papier tropfen.

4. Lasse einige ockergelbe Kleckse als Gewitterwolken von der Pinselspitze fallen.

5. Mische nun verschiedene Grüntöne (s. S. 13). Tropfe sie als Buschwerk unten hin.

6. Gib immer mehr Grünnuancen dazu. Lasse sie mit dem Himmelsgrau verfließen.

7. Lasse den Himmel antrocknen, dann male mit dem Grau aus Schritt 2 das Schloss.

65

AQUARELLFARBEN

Salzbilder

AQUARELLPAPIER

Wenn du Salz auf Aquarellfarbe streust, erhältst du nach dem Trocknen eine körnige Oberfläche.

Male rasch, denn du musst das Salz auf die noch nasse Farbe streuen.

1. Male einen Wal, Streifen für die Wellen und lasse eine Lücke zwischen den Streifen.

2. Bevor die Farbe trocken ist, bestreue das ganze Bild reichlich mit Salz.

3. Beim Trocknen saugt das Salz die Farbe auf. Lasse das Bild ganz trocken werden.

4. Schüttele überschüssiges Salz ab, dann reibe das übrige Salz ganz oder teilweise ab.

Male andere schlichte Motive um den Wal herum.

Das Salz blieb auf dem Bild und gab dem Hintergrund eine sandige Struktur.

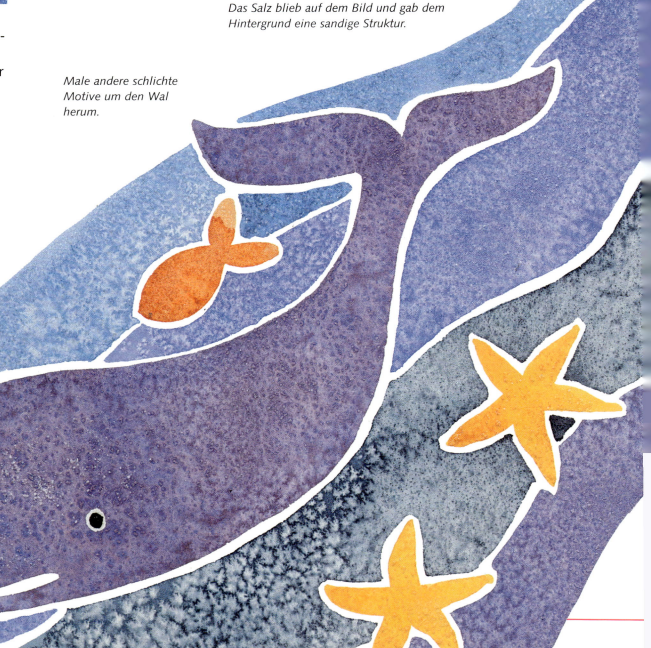

66

Pastellfarben

Pastellkreiden

Pastellkreiden sind weich und schmieren leicht. Durch Mischen und Verwischen kannst du also tolle Effekte erzielen.

Für das Zickzackmuster halte die Pastellkreide wie einen Bleistift und male mit einem Ende.

Lege die Kreide flach auf das Papier.

Du kannst auch mit der Breitseite der Kreide malen. Brich sie mitten durch und ziehe das Papier ab.

Farben mischen

Du kannst Pastellfarben auf dem Papier mischen, indem du Striche übereinander malst.

Male in unterschiedlicher Reihenfolge mit den Pastellfarben. Bekommst du dabei neue Farben?

Farben verwischen

1. Auch Pastellfarben kann man mischen. Zeichne überlappende Striche in bunten Farben.

2. Dann verwische die Farben mit dem Finger. Das ergibt einen weichen Effekt.

Willst du dir die Finger nicht schmutzig machen, nimm ein Wattestäbchen dafür.

Abstufung der Farben

Gebrochene Farben

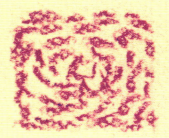
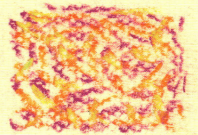

Die Farben mischen sich in der Mitte.

1. Bemale das Papier von oben nach unten mit Strichen mit der Breitseite der Kreide.

2. Male darunter in einer anderen Farbe. Lasse den Übergang überlappen.

1. Beginne in der Mitte. Ziehe viele kurze Striche in einer Farbe um einen Mittelpunkt.

2. Fülle die Lücken zwischen diesen Strichen mit kurzen Strichen in anderen Farben.

Tüpfelbilder

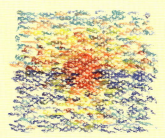

1. Male jeweils mit dem Kreideende orange und rote kleine Striche als Sonne.

2. Ziehe eine hellblaue Linie und dunkelblaue Querstriche mitten durch die Sonne.

3. Ziehe gelbe und orange Striche um die Sonne und einige in den Himmel.

4. Nimm verschiedene Blautöne für Himmel und Meer. Setze Rosa dazwischen.

Papier für Pastellfarben

Auf buntem Papier wirken Pastellfarben am besten. Nimm leicht raues oder Strukturpapier.

Pastellarbeiten wirken auch auf schwarzem Papier.

Zuckerrohrpapier geht auch und ist billiger.

Unten: Ingrespapier. Im Schreibwarenladen erhältlich.

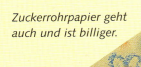

PASTELLFARBEN

Fantasielandschaft in Pastell

ZEICHENPAPIER

1. Zeichne parallel zueinander zwei Kurven mit schwarzer Kreide.

2. Male den Zwischenraum mit dunkelblauer Kreide aus.

3. Male eine gelbe Kurve und dann eine dunkelblaue dazu.

4. Fülle die Fläche darüber mit schwarzen und blauen Schrägstrichen.

5. Ziehe lange weiße Striche über die schwarzen Kurven. Sie werden grau.

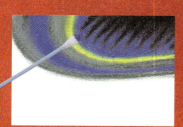

6. Verwische alle Farben mit dem Finger oder Wattestäbchen (s. S. 68).

7. Wasche dir die Hände oder nimm mehrere Stäbchen, denn sie werden schmutzig.

Das Papier schützt dein Bild.

8. Ziehe quer über das Bild eine graue Kurve mit roten und gelben Streifen.

9. Male verschieden große Kreise und Wellenlinien im Vordergrund.

10. Lege zum Abdecken Papier über den unteren Bildrand.

11. Male am Himmel Monde und Sterne. Verwische sie behutsam.

12. Male am Horizont Wolken in Grau oder einer Mischung aus Schwarz und Weiß.

13. Male um jede Wolke ein welliges gelbes Glanzlicht.

14. Verwische den Vordergrund und lasse die Wolken, wie sie sind.

PASTELLFARBEN

Weitere Kreidetechniken

Hier siehst du, wie du Pastellkreidefarben auch noch mischen kannst. In beiden Verfahren verwischt man die Farben nicht, sondern lässt sie überlappen.

Probiere verschiedene Formen, Muster und Farben aus.

Vergiss nicht, dass die Farbe deines Papiers Einfluss auf die Malfarbe hat.

Breitflächiger Auftrag

Male mit der Breitseite der Kreide Flächen bunt aus. Dann übermale sie in einer anderen Pastellfarbe.

Schraffur

Male mit dem Kreideende eine Schicht aus kurzen Schrägstrichen. Probiere verschiedene Farbkombinationen aus.

Zeichne die Linien in einer Richtung.

Schraffiere über breitflächig aufgetragene Farbe.

Landschaft

1. Für den Himmel trage türkisfarbene Kreide auf. Lasse Lücken für die Bäume.

2. Male blassblaue Stellen in den Himmel und etwas Dunkelblau ganz oben.

3. Male die Bäume mit der Breitseite der Kreide rot, gelb und orange aus.

4. Schraffiere in verschiedenen Farben so, dass sie ineinander übergehen.

5. Male mit der Breitseite grüne, gelbe und orange Pastellfarbenstreifen unter den Himmel.

6. Schraffiere über die Streifen. Lasse sie im Vordergrund länger werden.

7. Male mit dem Ende schwarzer Kreide eine Linie unter die Bäume. Male auch Äste.

PASTELLFARBEN

Ölpastellfarben

Ölpastellfarben sind sehr leuchtkräftig. Sie verschmieren nicht wie die Pastellkreiden, sonst kannst du sie aber ähnlich verwenden.

Ziehe in verschiedenen Farben kurze Striche in dieselbe Richtung.

Male Farbflächen mit der Breitseite aus. Dazu brich die Kreide mitten durch und ziehe das Papier ab.

Wie Pastellkreiden wirken auch Ölpastelle sehr gut auf leicht strukturiertem Papier.

Lasse viele Striche in verschiedenen Farben überlappen.

Du kannst schwarzes Papier mit Ölpastellen bemalen. Sie verändern sich leicht.

Farben mischen

Weiße Ölpastelle wirken sehr schön auf knallbuntem Papier.

Male Farben übereinander (s. den Tiger auf S. 75). Die Farben vermischen sich.

Für Ölpastelle eignen sich Zeichen- und Zuckerrohrpapier.

Tiger in hohem Gras

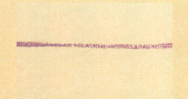

1. Ziehe im unteren Drittel des Papiers eine gerade violette Linie.

2. Male Berge. Male den Himmel mit Blassblau und Weiß.

3. Male einen Teil der Berge grau. Sie wirken wie weiter entfernt.

4. Male den Vordergrund mit der Breitseite orange.

5. Male die Kontur eines Tigers auf den Vordergrund.

6. Zeichne Muster in Orange, Gelb und Schwarz auf den Pelz.

7. Verwische die schwarzen Streifen mit den anderen Farben.

8. Male viel Gras in Grün- und Brauntönen vor den Tiger.

75

PASTELLFARBEN

Farbe und Muster

Ölpastellfarben sind sehr leuchtkräftig. Mache Farbexperimente, male sie z.B. nebeneinander und prüfe, wie sie sich beeinflussen.

Das blaue Quadrat im gelben leuchtet mehr als dasselbe Blau im grauen Quadrat.

Das grüne Quadrat im roten scheint stärker zu sein als dasselbe Quadrat im grauen.

Farbexperimente

Male mehrere warme Farben in Streifen nebeneinander.

Probiere es auch mit kalten Farben wie Grün und Blau.

Kombiniere warme und kalte Farben in dicken und dünnen Streifen.

Kombiniere kräftige und blasse Farben und experimentiere dabei.

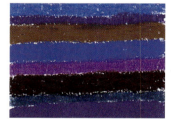   

Probiere es mit dunklen Farben wie Blau, Violett und Braun.

Wechsele zwischen dunklen und hellen Streifen.

Male Tupfen in verschiedenen Größen auf die Streifen.

Male Striche oder Zickzackmuster in Kontrastfarben auf.

Grußkarte

   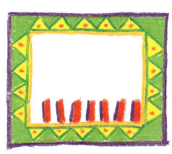

1. Male einen Kasten mit violetter Pastellkreide. Male einen orange Kasten hinein.

2. Male gelbe Dreiecke um den orangen Kasten. Male die Zacken dazwischen grün aus.

3. Ummale die Dreiecke in Dunkelgrün. Male rote Tupfen hinein.

4. Male einen roten Zaun aus Streifen. Male links violette Ränder an die Latten.

5. Zeichne den Rumpf der Henne und male ihn aus. Spare einen weißen Kreis für das Auge aus.

6. Zeichne Schnabel, Federn, Schwanz und Füße. Male sie aus und setze Streifen in die Füße.

7. Male den Himmel. Schattiere ihn an den Rändern in dunklerem Blau und Violett.

8. Ziehe schwarze Striche auf dem Rumpf. Umrande das Auge und male die Pupille.

77

PASTELLFARBEN

Ölpasteleffekte

JEDES WEISSE PAPIER

Buntglas-Optik

Du kannst die Konturen mit Bleistift vorzeichnen.

Drücke fest auf.

1. Falte das Papier zur Hälfte und klappe es auf. Male einen halben Schmetterling mit schwarzer Ölpastellfarbe.

2. Klappe das Papier zusammen. Reibe mit einem Scherengriff fest über die Seite.

3. Klappe das Papier auf. Male die schwachen Konturen der anderen Hälfte mit der Kreide nach.

4. Male Blätter in den Vordergrund. Fülle die Felder mit bunter Tinte aus.

Tintenkonturen

Lasse Lücken zwischen den einzelnen Feldern.

1. Folge Schritt 1–3 von S. 78, aber male die Kontur mit Bleistift. Fülle die Felder dazwischen mit Ölfarbe.

2. Bemale das ganze Bild mit heller Tinte. Sie füllt die Lücken zwischen den bunten Feldern aus.

3. Kratze mit einer Schraubendreherecke Details auf die Flügel und die Blätter im Hintergrund.

Wachskreiden

Wachskreiden kann man ganz verschieden verwenden, den Farbton durch leichten oder festen Druck verändern. Man kann sie auch zu mehreren Farben mischen. Sie eignen sich besonders für Reserviertechniken mit Rubbel- und Batik-Effekt.

Hier siehst du, wie verschieden Farben ausfallen, je nachdem, wie stark du beim Malen aufdrückst.

Du kannst Wachskreiden auch mischen, obwohl es nicht so leicht geht wie bei Pastell- oder Ölpastellkreiden.

Batiksterne

Drücke fest auf.

1. Bemale deinen Bogen mit Sternen, jeden in zwei Farben. Male Schweife an die Sterne. Setze kleine Sterne dazwischen.

2. Mische viel dunkelblaue Aquarellfarbe in einem Gefäß. Sie darf nicht zu dünn und wässerig sein.

3. Bepinsele das ganze Bild mit Farbe. Die mit Wachskreide bemalten Stellen nehmen keine Farbe an.

Fantasievogel

1. Zeichne mit Bleistift einen großen Vogel. Drücke leicht auf, dass die Kontur schwach bleibt.

Sieh auf dem großen Bild nach, wo die weißen Linien hinkommen.

2. Zeichne mit weißer Wachskreide Federn auf den Kopf, Rumpf und Schwanz. Zeichne auch Linien auf die Füße.

3. Mische orange Farbe in einem Gefäß. Bemale damit das ganze Bild.

4. Male mit feinem Pinsel in Dunkelrot die Details auf Rumpf und Kopf.

5. Male mit der dunkelroten Farbe noch mehr Details auf die Federn.

6. Male um Auge, Schnabel und Füße. Ergänze Streifen und feine Linien.

WACHSKREIDEN

Wachs-Rubbelbilder

DÜNNES WEISSES PAPIER

1. Brich eine Wachskreide mitten durch und ziehe dann das Schutzpapier ab.

2. Lege dünnes Papier auf eine Unterlage mit Struktur, z. B. Wellpappe oder grobes Sandpapier.

3. Rubbele mit der Breitseite der Kreide so über das Papier, dass sich die Struktur abpaust.

4. Übermale das Rubbelmuster mit kontrastierender Aquarellfarbe oder Tinte.

5. Rubbele andere Strukturmuster und bemale sie in verschiedenen Farben.

6. Male eine Häuserzeile mit verschiedenen Giebeln auf ein anderes Blatt Papier.

7. Schneide die Rubbelbilder in Streifen. Klebe mehrere Streifen in die Hausformen.

8. Male mit schwarzer Wachskreide Fenster, Türen und Mauerwerk auf.

WACHSKREIDEN

Weitere Reserviertechniken

JEDES DICKE PAPIER

1. Male mit grellen Wachskreiden einen gemusterten Streifen nahe dem unteren Blattrand.

2. Male darüber in anderen Farben Häuser mit vielen Kuppeln, Türmen und Fenstern.

3. Zeichne auch Bäume. Male die Mauern und Dächer in hellen Farben aus.

4. Bemale das ganze Bild gleichmäßig mit dunkelroter Tuben- oder Plakafarbe.

5. Nimm mit feuchtem Lappen etwas Farbe von den Wachsstellen ab.

6. Lasse es trocknen. Dann ritze mit dem Fingernagel Muster und Schattierungen in die Kreide.

84

WACHSKREIDEN

Knitterbatik

DÜNNES PAPIER, Z. B. SCHREIBMASCHINENPAPIER

Dies ist eine andere Reserviertechnik für Wachskreiden. Am besten klappt es, wenn dein Bild das ganze Blatt ausfüllt.

Wenn du das Papier zusammenknüllst, bekommt die Kreide Risse (s. Schritt 3). Durch diese kann Farbe eindringen. So entsteht der Knittereffekt.

1. Male mit Wachskreiden eine Blume im Topf. Male sie mit festem Druck breitflächig aus.

2. Male den Hintergrund mit Kreide aus. Drücke fest auf und lasse keine Lücken.

3. Knülle das Papier von den Ecken her zusammen. Pass auf, dass es nicht reißt.

4. Ziehe das Papier auseinander und knülle es erneut, damit es schön verknittert.

5. Streiche das Bild glatt. Bemale es vollständig mit dunkler Plaka- oder Tubenfarbe.

Bügele mit einem warmen Eisen.

6. Gib Acht, dass du in alle Risse, die beim Knüllen entstanden sind, Farbe pinselst.

7. Spüle beide Seiten unter dem Wasserhahn ab. Lasse das Wasser abtropfen. Trocknen lassen.

8. Bügele das Bild zwischen zwei Zeitungsseiten, bis es wieder richtig glatt ist.

Seidenpapier

Farbe und Seidenpapier

Male ein Quadrat um das Bild.

1. Male mit einem dicken schwarzen Filzstift einen großen Fisch auf weißes Papier.

2. Pause die Hauptteile des Fisches auf bunte Seidenpapiere und schneide sie aus.

3. Schneide ein Stück aus einer farblosen Plastiktüte, das größer ist als deine Zeichnung.

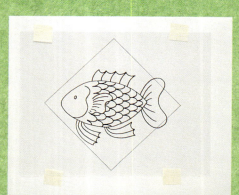

4. Lege die Plastikfolie über deine Zeichnung. Sichere sie rundum mit Klebefilm.

Nimm dein Bild als Grundform.

5. Bepinsele die Seidenpapierteile mit Weißleim. Drücke jedes fest auf die Folie.

6. Schneide oder reiße Seidenpapierstreifen für den Hintergrund. Klebe sie um den Fisch.

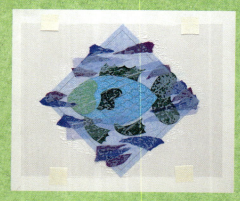

7. Klebe ein Stück blassblaues Seidenpapier über das ganze Bild, dann lasse es trocknen.

8. Wenn der Leim ganz trocken ist, ziehe das Seidenpapier behutsam von der Folie ab.

9. Lege das Seidenpapier über deine Zeichnung. Male die Umrisse mit schwarzer Farbe nach.

Noch schöner wird dein Bild, wenn du einen Rahmen schneidest und aufklebst.

Besonders apart wirken solche Arbeiten als Fensterbilder.

89

SEIDENPAPIER

Seidenpapierbilder

JEDES DICKE PAPIER

Die Farben verändern sich an den Übergängen.

1. Reiße einige runde oder ovale Formen aus verschiedenfarbigem Seidenpapier.

2. Gib Weißleim in ein Gefäß und vermische ihn mit ein paar Wassertropfen.

3. Klebe die verschiedenfarbigen Seidenpapierteile überlappend auf weißes Papier.

4. Klebe mehr Papier dazu. Die Farben werden stärker, während du die Schichten aufbaust.

Male auf das Seidenpapier. Eine Umrandung ist nicht nötig.

Male auch Punkte und Linien auf die Blätter.

Mohnblumen

1. Reiße rotes und orange Seidenpapier in große Blütenblätterformen.

2. Leime ein Blütenblatt und drücke es behutsam auf ein großes weißes Papier.

3. Klebe noch drei Blätter überlappend auf. Bausche das Papier stellenweise auf.

4. Schneide Blätter und Stängel aus Seidenpapier. Klebe sie um die Blüten.

5. Streiche an einigen Stellen Leim über die Blumen, dann glänzen sie etwas.

6. Wenn der Leim ganz trocken ist, male die Details mit feinem Filzstift auf.

Weitere Ideen

Auf den folgenden vier Seiten stehen einige Tipps, wie du die in diesem Buch erklärten Techniken anwenden kannst. Die Seitenangaben sagen dir, wo du sie nachlesen kannst.

Für diese Collage wurden Stücke aus bespritztem Papier zusammengeklebt (s. S. 46–47).

Die Blumen und Schmetterlinge und der Igel auf S. 93 wurden in bunten Tinten gemalt (s. S. 50–51).

Diese Fische sind Tintenpustebilder (s. S. 62–63).

Die Delfine wurden aus Seidenpapier ausgeschnitten, dann wurden Seidenpapierstreifen als Wellen aufgeklebt (s. S. 90–91).

Diese Bilder entstanden aus Seidenpapier und Acrylfarbe (s. S. 24–25).

WEITERE IDEEN

Das Grundmuster wurde mit Acrylfarben, Rot und Orange, gemalt. Die Tupfen wurden mit Wattestäbchen aufgetragen.

Der Löwe entstand in Pustetechnik mit einer Zeichnung darauf (s. S. 62–63).

Die Blütenformen wurden abgedeckt. Die Farbe wurde nicht aufgespritzt, sondern mit dem Schwamm aufgetragen (s. S. 42–43).

Blüten und Blätter wurden aus Seidenpapier gerissen und auf Papier geklebt (s. S. 90–91).

Einen körnigen Effekt wie auf dem Dschungelbild bekommst du, wenn du Salz auf nasse Aquarellfarbe streust (s. S. 66–67).

Die Schildkröte ist eine Collage aus Mustern, die in dicke Acrylfarbe geritzt sind (s. S. 22–23).

Der Baum ist ein Gummibanddruck (s. S. 36–37).

Die Schnecke besteht aus gerissenem Seidenpapier (s. S. 90–91).

95

Register

abdecken 42–43, 94
Acrylfarben 4, 22–33, 94
Aquarellfarben 4, 54–67
Aquarellpapier 4, 54

Batik 86–87
Buntglaseffekt 78

Collage 23, 46–47, 95

Drucke
    gezogene Pappdrucke 44–45
    Gummiband- 36–37, 95
    Hand- und Papp- 38–41
    Seidenpapier 25
Druckmuster 30–33

Farbe 8–13
    Abstufung 68
    Experimente mit - 76
    gebrochene 69
    Grüntöne 13
    harmonische 9
    Haut- 13
    kalte 9
    Komplementär- 9
    mischen 12–13
    Primär- 8
    Sekundär- 8
    und Muster 76–77
    und Seidenpapier 88–89
    und Ton 10–11
Farben 4
    Acryl- 4, 22–33
    Aquarell- 4, 54–67
    Plaka- 4, 34–45, 88–89
    Tuben- 4, 34–45, 88–89
Farben abstufen 69
Farbmischungen 57, 68

Farbtöne
    ähnliche 11
    dunkle 10
    Experimente 10
    helle 10
    Umkehrung 11
Füller 5

gebrochene Farben 69
Glanzlichter setzen 14–15
Grüntöne mischen 13
Gummibänder 36–37, 95

Hand- und Pappdrucke 38–41
Hautfarben 13
Himmel 12, 64–65

Ingrespapier 4, 69

Karten 20
Kratzbilder (Reserviertechnik) 49
Kreide
    Pastell- 5, 68–73
    Techniken 72–73
    Wachs- 5, 80–87
Künstlermaterialien 4–5

lavieren 56
Leimbilder 28–29

Maltechniken
    auf nassem Papier 58–59
    Himmel 12, 64–65
    Lavierung 56
    Perspektive 16–17

Ölpastelle 5, 74–79
Ölpastelleffekte 78–79

Paletten 5
Papier 3, 4
    Aquarell- 4, 54
    Ingres- 4, 69

nasses 48, 57, 58–59
Pastell- 4, 69
Seiden- 4, 90, 93, 94, 95
Zeichen- 4
Papp- und Handdrucke 38–41
Passepartout 21
Pastellfarben 5, 68–79
Pastellpapier 4, 69
Perspektive, malen 16–17
Pinsel 6–7
Plakafarben 4, 34, 89
Primärfarben 8
Pustebilder 62–63, 92, 94

Reserviertechnik
    Effekte 84–85
    Kratztechnik 49
    Wachs-Rubbelbilder 82–83

Salzbilder 66–67, 95
Schraffur 72
Seidenpapier 4, 25, 37
Seidenpapier
    bemalen 90–91, 93, 94, 95
    und Farbe 88–89, 93
Sekundärfarben 8
spritzen 42–43, 46–47, 92
Strukturpapiere 18–19

Tinte
    Konturen 79
    Zeichnen mit dem Pinsel 42–45,
    92–93
Tinten 5, 48–53
Tubenfarben 4, 34–45, 88–89

Wachskreiden 5, 80–87
Wachs-Rubbelbilder (Reserviertechnik)
    82–83

Zeichenpapier 4
Zweifarbendrucke 30

Die Deutsche Bibliothek – CIP-Einheitsaufnahme

*Ein Titelsatz für diese Publikation ist bei
Der Deutschen Bibliothek erhältlich.*

*Die Schreibweise entspricht den Regeln
der neuen Rechtschreibung.*

4 3 2 1   01 02 03 04

*© 2001 Ravensburger Buchverlag Otto Maier GmbH für die deutsche Ausgabe
Alle Rechte, auch die des auszugsweisen Nachdrucks, der fotomechanischen
Wiedergabe und der Übersetzung, vorbehalten.*

*Übersetzung aus dem Englischen: Christiane Bergfeld
Redaktion: Petra Bowien
Illustrationen: Amanda Barlow, Non Figg, Jan McCafferty, Lucy Parris,
Nicola Butler, Kathy Ward, Christina Adami und Rachel Wells
Fotos: Howard Allman
Umschlaggestaltung: Schmieder & Sieblitz
Satz: alpha & bet Verlagsservice, München*

*Titel der Originalausgabe: The Usborne Book of ART ideas
© 1999 Usborne Publishing Limited*

*Printed in Germany
ISBN 3-473-37812-7*

www.ravensburger.de